Für Alice

Hermann Baum

FELSMANN

Bibliographische Information der Deutschen Nationalbibliothek. Die Deutsche Nationalbibliothek verzeichnet diese Publikation in der Deutschen Nationalbibliographie; detaillierte Daten sind im Internet über http://dnb.dnb.de abrufbar.

Verlag: BoD · Books on Demand GmbH, In de Tarpen 42,
22848 Norderstedt, bod@bod.de
Druck: Libri Plureos GmbH, Friedensallee 273, 22763 Hamburg
ISBN: 978-3-7693-2401-3

Inhalt

1. Die Herkunft der Familie

Es ist möglich, daß die Familie Felsmann ursprünglich aus einem Ort des Erzgebirges stammt. In Frage kommt vor allem die Region um Zwickau: Schwarzenberg und Gruenhain. Der Name Felsmann läßt sich in diesem Gebiet noch weit zurückverfolgen. Am 23.9.1410 wird z.b. Maria, eine Tochter von Bastel Felsmann, in Schwarzenberg getauft.[1] Der Bergbau begann in dieser Region im Jahr 1316, als Markgraf Friedrich der Gebissene die Stadt mit einer Fundgrube in Fürstenberg (zwischen Kirchberg und Weißbach) belehnte. Hier wurde Silber und Kupfer abgebaut. Erfahrene Bergleute, die in dieser Gegend lebten, waren sicherlich auch in Benisch gefragt.

In Benisch[2] (Österreichisch-Schlesien), heute Horni Beneschow, beginnt die rekonstruierbare Geschichte der Familie Felsmann.

„Horní Benešov (bis 1926 *Benešov*, deutsch *Bennisch* oder *Benisch*) ist eine Stadt im Okres Bruntál in Tschechien. Sie liegt rechtsseitig der Cizina in der Mährisch-Schlesischen Region an der Hauptstraße von Opava und Bruntàl, nahe der Grenze zu Polen. Im gespaltenen Stadtwappen befindet sich links die Hälfte des schlesischen Adlers und rechts zwei Rodehauen. Benisch wurde erstmals am 11. April 1253 erwähnt, als der „*subcamerarius regis Bohemie*" Beneš/Benesch die beiden Lokatoren Erwig und Guido mit der Anlage einer Stadt nach Leobschützer Recht beauftragte, die seinen Namen tragen sollte. Den Lokatoren wurde eine Erbvogtei zugewiesen. Von überragender wirtschaftlicher Bedeutung war bis in das 16. Jahrhundert der Silberbergbau. Gefördert wurden außerdem Gold, Kupfer und Eisenerze. Zusammen mit dem Herzogtum Jägerndorf gelangte Beneschau 1523 an Georg von Ansbach, wodurch sich der Protestantismus ausbreitete. Georg Friedrich erhob Benisch 1567 zur Freien Bergstadt, für die er 1590 eine Bergordnung erließ.

---

1 Quelle: Familysearch; die dort gemachten Angaben stehen immer unter Vorbehalt!
2 Im Österreichischen Staatsarchiv gibt es ein Manuskript mit der Signatur AT-OeStA / HHStA SB NL Latzke 1-5: *Siedlungsgeschichte des Jägerndorfer, Bennischer und Freudenthaler Landes*; es enthält auch Auskünfte zur frühen Herkunft der Bewohner in Bennisch und Raase. Der Autor ist Walther Latzke, Archivar in Troppau und Wien. Das Werk ist veröffentlicht mit dem Titel *Urkunden und Akten zur Geschichte der Stadt Benisch.*
Weitere Literatur: Helmut Rösler: *Die freie Bergstadt Bennisch*, München, Heimatverein Freudenthal 1962.

Im Dreißigjährigen Krieg kam der Bergbau zum Erliegen. Wegen der Religionspolitik der Habsburger, die seit 1526 Könige von Böhmen waren, kehrte nach 1630 der größte Teil der Einwohner zum katholischen Glauben zurück. Mehrmals wurde die Stadt von Bränden heimgesucht." (Wikipedia)

Die Kirchenbücher von Benisch beginnen 1660.

2. Vorfahren (selektiv)

Georg Feltzmann oo Christina N.

▼

Georg Feltzmann oo Anna N.

▼

Johann Georg Feltzmann oo Dorothea Barbara Seltzer

▼

Johannes Franz Bartolomäus Feltzmann oo Klara Levatschek

▼

Franz Felsmann oo Magdalena Wusching

▼

Joseph Felsmann oo Anna Görög

▼

Istvan Lorant Felsmann oo Klara Augusta Kauser

▼	▼	▼	▼	▼
Istvan	Joseph	Laszlo	Tamas	Eleonora
Felsmann / Felszeghy	Felsmann	Felsmann	Felsmann	Felsmann
oo	oo	oo	oo	oo
Ediltrud	Erzsebet	Olga	Emilia	Jozsef
Felszeghy	Kleiner	Fülöpp	Eszterle	Vasali

1. Generation:

Georg Feltzmann (*RR 1636 - +14.5.1678 Benisch)
oo bis 1660: Christina N. (*RR 1633 - +11.3.1704 Benisch)

Georg Feltzmann, der früheste bekannte Vorfahr, arbeitete als Zieher (Ziecher) im Bergwerk. Zieher waren Bergleute, die zuständig waren für den vertikalen Transport des Abbaus. Mit seiner Frau Christina hatte er sechs Kinder:
- Michael (*1661)
- Maria (*1664)
- Georg (*1667)
- Andreas (*1669)
- Anna (*1672)
- Rosina (*1675).

9

2. Generation:

Georg Feltzmann (*23.3.1667 Benisch - +21.4.1719 Benisch)
oo Anna N. (*RR 1667 - +19. 12.1736 Benisch)

Georg, ein Sohn von Georg Feltzmann sen., ist höchstwahrscheinlich der Ahnherr der folgenden Generationen. Aber die Abstammungsverhältnisse von der 2. zur 3. Generation sowie die verwandtschaftlichen Verhältnisse innerhalb der dritten Generation lassen sich nicht mit Sicherheit bestimmen. Es ist nicht einmal nachweisbar, daß überhaupt eine verwandtschaftliche Beziehung besteht. Die drei Personen der dritten Generation (Johann Georg, Maria und Friedrich) stammen aber am ehesten von Georg Felsmann (2. Generation) ab. Dafür spricht Folgendes:

a) von Michael Felsmann (2. Generation) findet sich außer der Taufe keinerlei Nachweis. Ob er früh verstorben ist oder Benisch verlassen hat, ist nicht bekannt.

b) Andreas Felsmann (2. Generation) ist am 3.12.1703 bereits verstorben. Er war nach Raase gezogen, wo auch seine Tochter geboren wurde. So kommt auch er nicht in Frage.

d) Der einzige der drei Brüder (Michael, Georg, Andreas) der zweiten Generation, der in Benisch geboren wurde und gestorben ist, ist somit Georg.

Das Ehepaar Georg und Anna Felsmann könnte also drei Kinder gehabt haben; ihre Taufeinträge fehlen aber in den Kirchenbüchern von Benisch:
- Johann Georg (*1698)
- Maria (*1699) und
- Friedrich (*1703).

3. Generation:

Johann Georg Feltzmann (*RR 18.4.1698 - +17.9.1763 Benisch)
1. oo Anna Joanna N. (RR 1699 - +31.5.1743 Benisch)
2. oo Dorothea Barbara Seltzer (*21.12.1718 Benisch - +?)

Der Geburtsort von Johann Georg Felsmann ist nicht bekannt; es fehlt, wie schon gesagt, ein Taufeintrag; vielleicht ist es ein Nachbarort, aus dem Anna N. (seine Mutter?) stammte. Es kam häufig vor, daß die Frau zur Geburt ihres ersten Kindes in den Wohnort ihrer Mutter ging, wo das Kind dann auch getauft wurde. Womöglich hat der Pfarrer aber auch versäumt, die Taufe einzutragen. Johann Georg wird Schneidermeister. Aus seiner ersten Ehe (Trauung bis 1722) mit Anna Joanna N. (RR 1699 - +31.5.1743 Benisch) stammen sechs Kinder:
- Maria Catharina (*1723)
- Johann Anton (*1728)
- Johann Anton Paul (*1732)

- Anna Barbara (*1734)
- Anna Barbara (*1736) und
- Franciscus Augustin (*1738).

Nach dem Tode seiner ersten Frau, Anna Johanna (+1743), heiratet er am 1.1.1745 in Benisch ein zweites Mal: Dorothea Barbara Seltzer (*21.12.1718 Benisch - +?), Tochter des Schneidermeisters Franziskus Seltzer (*20.10. 1685 Leskovec - +25.5.1734 Benisch) und der Elisabeth Röricht (*18.10. 1684 – +20.2.1749). Sieben Kinder werden geboren:
- Maria Theresia (*1746)
- Anna Barbara Clara (*1748)
- Johannes Franz Bartholomäus (*1750)
- Johannes Joseph Hyronimus Michael (*1752)
- Anna Johanna Tecla (*1754)
- Maria Elisabeth Carolina (*1756) und
- Johann Georg Mathäus (*1759).

Was nach dem Tode von Johann Georg Felsmann im Jahre 1763 passierte, ist nicht mehr zu klären. Die familiäre Überlieferung besagt, daß die beiden älteren Brüder - der zwölfjährige Johannes Franz Bartholomäus und der zehnjährige Johannes Joseph Hyronimus – bereits 1762 (also noch vor dem Tode ihres Vaters!) von Benisch nach Buda gekommen seien, um an der Mathiaskirche in Budavar oder an der Tabaner Kirche als Sängerknabe zu wirken. Es wird auch vermutet, daß es verwandtschaftliche Beziehungen gab zwischen dem Tabaner Kantor und der Mutter der beiden Felsmann-Kinder. Aber belegt ist das alles nicht. Von ihr selbst, ihren Töchtern und dem jüngsten Sohn wird nichts berichtet. Fest steht, daß ein Sterbeeintrag für die Mutter, Dorothea Barbara Felsmann (geb. Selzer), in Benisch fehlt und auch anderenorts nicht gefunden werden konnte.[3]

Tatsache ist, daß spätestens seit 1773 (die Tochter Maria Theresia heiratet in Taban) bzw. 1777 (die Tochter Anna Barbara Clara heiratet in Orszagut) auch die zwei älteren Schwestern in Buda lebten. Wann sie kamen, ist nicht bekannt. Auffallend ist, daß sie für die damalige Zeit relativ spät heirateten: Maria Theresia ist 27 Jahre alt, Anna Barbara Clara ist 29 Jahre alt. Interessant ist, daß bei der Trauung von Maria Theresia ein gewisser Joseph Simmert – ludi magister (Lehrer) und Notar in Taban - als Trauzeuge fungierte. Als er am 27.8.1778 verstarb, heiratete Johannes Joseph Hyronimus Felsmann am 13.9.1779 die Witwe Anna Simmert (geb. Lochner). Kurz

---

3 Anmerkung: In derartigen Fällen, in denen kein Sterbeeintrag in den Kirchenbüchern zu finden ist, kann nie ausgeschlossen werden, daß ein Suizid vorliegt. Nach C 1241 §1, Nr. 3, *Corpus Iuris Canonici* 1917 (bis 1983 gültig) war katholischen Selbstmördern ein kirchliches Begräbnis verwehrt.

darauf, am 1.1.1780, wurde Johannes Joseph Hyronimus Felsmann Notar in Taban. Und am 23.4.1781 erwarb er als Eigentümer eines Grundstücks das Bürgerrecht von Buda.

Der jüngste Sohn, Johann Georg Mathäus (*1759), taucht Jahrzehnte später in Aicha vorm Walde auf, wo er als Tischlermeister mit seiner Frau lebt und 1816 stirbt. Auch bei ihm ist nicht bekannt, wann und mit wem er Benisch verlassen hat und wohin er zunächst gegangen ist.

4. Generation:

Johannes Franz Feltzmann (*24.8.1750 Benisch - +21.4.1810 Apatin)
1. oo Klara Levatschek (*1760 Wien - +12.9.1800 Apatin)
2. oo Anna Walter (7.8.1777 Apatin - +26.4.1845 Apatin)

Johannes Franz Bartholomeus, geboren in Benisch, kam als Kind nach Buda, wo er Sängerknabe gewesen sein soll. Seine Lehrerausbildung bestand wohl – wie damals üblich – im Besuch der höheren Schulklassen. Sicher ist, daß er von Buda nach Apatin ging, wo er ab 1771 als Lehrer arbeitete. Am 5.8.1782 heiratete er in Apatin Klara Levatschek (*1760 Wien - +12.9.1800 Apatin). Sieben Kinder wurden geboren:

- Barbara (*1783-1787)
- Juliane (1788)
- Therese (*1789)
- Franz (*1791)
- Michael (*1794)
- Anna (*1797) und
- Joseph (1800).

Barbara (*1783-1787), wurde in Zombor getauft.[4] Alle weiteren Kinder sind in Apatin geboren. Nach dem Tode von Klara Levatschek heiratete Johannes Franz Bartholomäus am 4.11.1800 Anna Walter (*7.8.1777 - +26.4.1845[5]). Mit ihr hatte er fünf Kinder:

- Peter (*1801)
- Theresia (*1802)
- Jozsef (*1803)
- Johannes (*1806) und
- Dominikus (*1808).

---

4 Am 17.2.1892 stirbt in Apatin Borbala Feltzmann, die Witwe von Konrad Szetovics. Sie stammt aus Zombor und ist 81 Jahre alt.
5 Nachdem Joannes Franciscus Felsmann, ihr erster Ehemann, 1810 verstorben war, heiratete Anna Felsmann (geb. Walter) am 24.11.1811 Kaspar Szantits.

5. Generation:
Franz Felsmann (*2.7.1791 Apatin - +19.2.1870 Nagymanyok)
1. oo Anna Michenbach (*8.2.1793 Himeshaza - +30.11.1834 Nagymany.)
2. oo Magdalena Wusching (*16.9.1813 +2.5.1883 Nagymanyok)

Franz, ältester Sohn von Johannes Franz Bartholomäus, wurde ebenfalls Lehrer. Am 30. 5. 1813 trat er eine Stelle in Geresd (zwischen Pescvarad und Mohacs) an; er heiratete Anna Michenbach (*8.2.1793 - +30.11.1834), Tochter von Joannes Michenbach (Lehrer in Himeshaza) und Theresia N.. Zwei Kinder wurden geboren:
- Franz (*1824) und
- Francisca (*1826).
Am 10.10.1830 zog Franz mit seiner Familie von Geresd fort, um in Nagymanyok eine Lehrerstelle zu übernehmen. Nach dem Tod seiner ersten Frau heiratete er am 11.1.1835 ein zweites Mal: Magdalena Wusching. Mit ihr hatte er sieben Kinder:
- Joseph (*1835)
- Theresia (*1836)
- Johann (*1839)
- Magdalena (*1840)
- Josepha (*1842) sowie die Zwillinge
- Magdalena (*1845) und
- Vince (*1845).
Für sein pädagogisches Wirken wurde ihm öffentliche Anerkennung zuteil: „Seine KK. Majestät haben mit Allerhöchster Entschließung vom 5. Februar d. J. dem Schullehrer zu Nagymanyok Franz Felsmann in Anerkennung seines ersprießlichen Wirkens auf dem Gebiet des Unterrichtes das silberne Verdienstkreuz mit der Krone zu verleihen geruht." (Klagenfurter Zeitung vom 21.2.1865)

13

6. Generation:

Joseph Felsmann (*14.10.1835 Nagymanyok – +7.3.1929 Budapest)
oo Anna Görög (*21.6. 1852 Pest - +27.6.1922 Budapest)

Joseph[6], der älteste Sohn von Franz Felsmann und Magdalena Wusching, besuchte das Gymnasium in Pecs und Lugosch, danach die Universität in Pest. An der Haupt-Normalschule in Lugosch, wo Konrad Wusching, ein Onkel von ihm, Oberlehrer war, begann er auch seine Lehrerlaufbahn. 1857 wurde er Lehrer in Pecs. 1861 stellte er einen Antrag auf Namensänderung: Bérczy. 1862 wurde ihm genehmigt, sich Bérczfi zu nennen, wovon er offenbar nie Gebrauch gemacht hat. 1862 wurde er Lehrer an der Communal-Oberrealschule in Pest, 1871 Direktor der neu errichteten Oberrealschule im 8. Bezirk. 1875 wurde er zum Mitglied der königl. Ungarischen Prüfungs-Commission für Mittelschulen ernannt und 1886 Mitglied des Gemeindeausschusses. Er gründete einen Unterstützungsfond für unbemittelte Schüler der von ihm geleiteten Lehranstalt. 1896 wurde er Mitglied der Direktion des Budapester Consortiums des ersten allgemeinen Beamtenvereins der österreichisch-ungarischen Monarchie und 1897 Obmann dieses Consortiums. Zu seinem 40. Lehrerjubiläum schenkten ihm ehemalige Schüler einen versilberten Lorbeerkranz (Brief und Kranz sind 2016 erhalten). Mit seinen Lehrbüchern beeinflußte er den Deutschunterricht in Ungarn.

Schriften:
* Földrajz az alreáltanoda elsö osztálya számára, Pest 1857
* A reáltanoda, in: A pécsi reáliskola programja 1858
* Behandlung eines Lesestückes, in: Der praktische Wegweiser, Pécs 1859
* A tanári tanácskozmányok kérdéséhez, Gymnasium-e vagy reáliskola?, in: Tanodai Lapok 1860
* Reáltanodai reformok, in: Tanodai Lapok 1861
* Az osztrák birodalom tanügye a londoni világkiállításon, in: Tanodai Lapok 1862

---

6 Vgl. hierzu auch meinen Artikel in Wikipedia vom 28.6.2017: József Felsmann.

* A magyar királyság, Erdély, Croatia és Slavonia társországokkal, in: Pécsi Iparlapok 1862
* Londoni világkiállításon, A pécsi gymnasiumi épület, in: Pécsi Iparlapok 1862
* Árnyképek a házi nevelés köréből, A magyar néptanodák számára kiadott tankönyvekben előforduló olvasmányok tárgyalási módja, jutalomnyertes pályamunka, in: Népnevelők Kalauza Pécs, 1863–64
* Úti jegyzetek Török- és Görögországból, in: Idők Tanúja 1864. II
* A német metrika alapvonalai, Pest 1864
* A magyar néptanodák számára kiadott tankönyvekben elöfordulo olvasmányok tárgyalási módja, Pécs 1864
* A német dráma fejlődése, in: Kalauz szerk. Riedl Szende 1865
* Giseke Miklós Tivadar, irodalomtörténeti tanulmány, in: Országos Tanáregylet Közlönye 1867
* A polgári iskola, in: Országos Tanáregylet Közlönye 1868
* A polgártanoda vagy felsőbb népiskola, in: A Pesti Napló, 1868, 231
* Polgári iskoláink álláspontja, in: Országos Tanáregylet Közlönye 1869-1871, 1872
* A Nibelungok. Prózában magyaritotta és jegyzetekkel ellátta, Pécs 1871
* Német olvasókönyv. Deutsches Lesebuch für Mittelschulen mit deutschen und ungarischen Anmerkungen, 1. Teil, Pécs 1871 (15. Aufl. Budapest 1895); 2. Teil Pécs 1871 (11. Aufl. Budapest 1895 1899); 3. Teil, Pécs 1872 (7. Aufl. Pécs 1899 und 1900); 4. Teil 1872 (4. Aufl. 1891. Pécs.)
* A magyarországi középtanodák Névkönyve, Pécs 1869, 1870, 1873, 1878, 1882 und 1885.
* A reáliskolai tanárok képzéséről, Középtanodák aránya és elhelyezése, A tanuló ifjuság katonai és fegyvergyakorlatairól, in: Országos Tanáregylet Közlönye 1873
* A distantiátlan iskolapad, in: Országos Tanáregylet Közlönye 1874
* Deutsche Grammatik für Mittelschulen, Budapest 1874
* Német grammatika középtanodák használatára, Budapest 1875 (7. Aufl. 1891 Budapest)
* Német tan- és olvasókönyv felsőbb iskolák használatára. 1. Teil: Stilistika, Budapest 1876; 2. Teil: Poetika, Budapest 1877
*Német rhythmika alapvonalai. Sonderdruck aus dem 2. Teil von Német tan- és olvasókönyv, Budapest 1877
* A tankönyvek revisiója, in: Országos Tanáregylet Közlönye 1878
* Érettségi vizsgálatainkról, in: Országos Tanáregylet Közlönye 1879
* Gyakorló könyv a Német grammatikához, Budapest 1879
* A reáliskolák helyzetéről, in: Országos Tanáregylet Közlönye 1880
* A reáliskolai tanterv módosításához, in: Országos Tanáregylet Közlönye 1882
* Trefort Á. közoktatásügyi miniszterhez felirat, A reáliskolai tanterv

15

történetéből, in: Országos Tanáregylet Közlönye 1883
* Középtanodáink statistikájához, in: Országos Tanáregylet Közlönye 1887
* Német nyelvtan, iskolai használatra, Budapest 1887 (5. Aufl.

1901)
* A decentralisatio és szakszerű felügyelet szükségessége a főváros községi
iskoláiban, in: Országos Tanáregylet Közlönye 1888
* Az egységes középiskola, in: Egyetemes Közokt. Szemle 1892
* Unser Frauen Wunder. Középkori ném. Szemelvény a kalocsai kodexböl,
Budapesti VIII. Ker. Közs. Föreálisk. ért. 1894
* A kalocsai codex. Középkori német költemények gyüjteménye, 1895
* György magyar Vitéz vezeklése a purgatoriumban, Egyetemes Philologiai
Közlöny 1895
* Az intézet története Klny is!, Budapesti VIII. Ker. Közs. Föreálisk. ért. 1896
* Középkori ném. Olv. Könyv a N. Muz. Kovtárában, Egyetemes Philologiai
Közlöny 1900
* Iskolai beszédek, 1906
* Mányoki levelek a 17. sz.-ból, Sz. István Társ. Tud és Irod. O. Felolv.
Üléseiböl 85; 1913
Ehrenämter und Auzeichnungen:
* Mitglied der königl. Ungarischen Prüfungs-Commisssion für Mittelschulen
(1875)
*Ausschuß-Mitglied und Ehrenmitglied des Landes-Mittelschul-Professoren-
Vereins
* Mitglied des Communal-Ausschusses (1886)
* Direktionsmitglied (1896) und Obmann (1897) des Pester Spar- und
Vorschuss-Consortiums des Ersten allgemeinen Beamtenvereins der
österreichisch-ungarischen Monarchie in Budapest
* Ehrenmitglied des Ungarischen Stenographenverbandes (1899)
* Mitglied der Direktoren-Konferenz der St. Istvàn Gesellschaft (Szent István
Társulat)

Joseph Felsmann heiratete am 17.8.1872 Anna Görög, Tocher von Stephan
Görög und Tecla Ida Voydicsek. Die Görög waren aus Kecskemet nach Pest
gezogen. Joseph Felsmann und Anna Görög hatten fünf Kinder:
Jozsef Ferenc Istvan (*1873)
Maria Anna Ilona (*1874)
Ernö Istvan (*1877)
Ida Anna Magdolna (*1879) und
Istvan Lorant (*1880).

7. Generation:
Istvan Lorant Felsmann (*1.2.1880 Budapest - +18.11.1929 Budapest)
oo Klara Augusta Kauser (*3.10.1885 Budapest - +9.2.1941 Budapest)

Istvan Felsmann, Sohn von Joseph Felsmann und Anna Görög, wurde Ingenieur. Er heiratete am 18.10.1909 Klara Kauser, eine Tochter des Architekten Jozsef Kauser. Kauser waren in der ersten Hälfte des 18. Jahrhunderts aus Györ nach Pest gekommen. Istvan Felsmann starb in Folge einer Lungenentzündung früh und hinterließ fünf Halbwaisen:
- Istvan (*1910)
- Jozsef (*1912)
- Laszlo (*1916)
- Tamas (*1918) und
- Nora (*1922).

8. Generation:
8.1.
Istvan Felsmann / Felszeghy (*19.8.1910 Bp. - +8.8.1999 LosAngeles)
oo Ediltrud Felszeghy (24.8.1914 Zagreb – 24.11.1979 Los Angeles)

Istvan Felsmann studierte Architektur. 1937 heiratete er Ediltrud, eine Tochter des Generals Ferenc Felszeghy. Er nahm den Familiennamen seiner Frau an. Die ersten beiden Kinder wurden in Budapest geboren.
Ende des 2. Weltkriegs verließ er mit seiner Familie Ungarn. Der nächste Aufenthalt war Argentinen, dann Kanada, wo in Toronto das dritte Kind ge-

boren wurde. Schließlich endete die Odyssee der Familie in den USA (Los Angeles). Die Namen der Kinder sind:
- Maria (*1938)
- Istvan (*1940)
- Emma (*1953).

8.2.
Jozsef Laszlo Felsmann (*9.4.1912 Budapest – 27.6.1978 Budapest)
oo Erzsebet Maria Kleiner (*9.6.1923 Budapest - +17.1.1988 Budapest)

Jozsef Felsmann, zweitältester Sohn von Istvan Felsmann, studierte Wirtschaftswissenschaft und heiratete 1943 die Lehrerin Erzsebet Kleiner. Sie hatten zwei Kinder:
- Jozsef (*1945) und
- Erzsebet, Rufname Alice (*1948).
Nach dem Krieg arbeiteten Jozsef Felsmann und seine Frau als Privatlehrer: er für Englisch, sie für Deutsch.

8.4.
Laszlo Felsmann (*16.1.1916 Budapest - +1989 Budapest)
oo Olga Fülöpp (*? - 26.5.1980 Budapest)

Laszlo Felsmann studierte Jura. Er heiratete Olga, die Tochter des Generals Arthur Fülöpp. Das Paar blieb kinderlos.

8.4.

Tamas Felsmann (*7.3.1918 Budapest - +10.10.1992 Budapest)
oo Emilia Eszterle (*30.12.1922 – 29.11.2012 Budapest)

Tamas Felsmann wurde Kunstmaler und arbeitete als Zeichenlehrer. Er heiratete Emilia Eszterle, mit der er einen Sohn hatte:
- Tamas (*1956).

8.5.

Eleonora Felsmann (4.4.1922 Budapest - +25.9.2006 Budapest)
oo Jozsef Vasali (*24.5.1920 Veszpremvarsany - +10.4.11997 Budapest)

Eleonora Felsmann heiratete Jozsef Vasali. Das Ehepaar hatte fünf Kinder, von denen die beiden ersten bei einem tragischen Unfall sehr früh starben:
- Peter (*1949)
- Katinka (*1950)
- Maria (*1952)
- Peter (*1955)
- Laszlo (*1956).

3. Der Stammbaum der Familie Felsmann

A1. Georg *RR 1636 - +14.5.1678 Benisch, Zieher (Bergmann)
  oo bis 1660 Christina N. *RR 1633 - +21.5.1704 Benisch
  B1. Michael *18.9.1661 Benisch - +?
  B2. Maria *15.5.1664 Benisch - +3.2.1714 Benisch
    oo 28.8.1690 Benisch: Petrus Hofmann *RR 1629/1630 - +27.4.1716, Witwer, Töpfer
    C1. Georg Hofmann *9.2.1693
    C2. Joannes Georg Hofmann *12.4.1697
    C3. Maria Salome Hofmann *23.5.1700
  B3. Georg *23.3.1667 Benisch - +21.4.1719 Benisch
    oo Anna N. *RR 1667 - +19.12.1736 Benisch
    C1. Johann Georg *RR 18.4.1698 - +17.9.1763 Benisch, Schneider
      1.oo bis 1723 Anna Joanna N. RR 6.9.1699 - +31.5.1743 Benisch
      D1. Maria Catharina *23.11.1723 Benisch - +16.8.1803 Benisch
        oo 14.2.1746 Benedikt Plietzner *7.3.1721 Benisch
        E1. Joannes Franciscus Plietzner *8.11.1748
        E2. Joannes Julius Hermenegildus Plietzner *10.4.1752
        E3. Joannes Bernhardus Ignatius Plietzner*3.3.1754
      D2. Johann Anton *9.6.1728 Benisch - +24.10.1731 Benisch
      D3. Johann Anton Paul *18.1.1732 Benisch - +?
      D4. Anna Barbara *26.6.1734 Benisch - +8.8.1734 Benisch
      D5 Anna Barbara *RR1736 - + 1.12.1741 Benisch
      D6. Franz Augustin *5.8.1738 Benisch – 27.1.1741 (beerdigt als Joannes!)
      2.oo 1.11.1745 Benisch: Dorothea Barbara Seltzer *21.12.1718 Benisch - +?
              p: Franziskus Seltzer; m: Elisabeth Rörich
      D7. Maria Theresia *13.5.1746 Benisch - +29.4.1791 Buda Taban
        oo 1.2.1773 Buda Taban: Michael Tischler
              *RR 1737 - +6.2.1792 Buda Taban (ertrunken)
        E1. Leonardus Tischler 11.11.1773 Buda Taban - +22.11.1773 Taban
        E2. Veronica Tischler *28.10.1774 Buda Taban- +6.2.1776 Taban
        E3. Stephan Tischler *15.8.1776 Buda Taban - +?
        E4. Michael Tischler *9.8.1778 Buda Taban - +9.9.1779 Taban
        E5. Theresia Tischler *8.6.1780 Buda Taban - +?
        E6. Magdalena Tischler *18.8.1782 Buda Sarlosboldogassz. - +28.11.1784 Taban
        E7. Joseph Tischler *18.8.1782 Buda Sarlosboldogasszony - +20.9.1782 Ujlak
        E8. Leonard Tischler *30.5.1785 Buda Taban - +21.8.1786 Taban
        E9. Viktoria Theresia Tischler *9.12.1787 Buda Taban- +16.12.1787 Taban
      D8. Anna Barbara Clara *23.7.1748 Benisch - +?
        oo 8.7.1777 Buda Orszagut: Franz Kratschmer
              *20.9.1747 Deutsch Liebau (Horni Libina) -+?
        E1. Barbara Kracsmar *7.3.1778 Buda Ujlak
        E2. Magdalena Gratsmar *24.2.1780 Buda Ujlak
        E3. Theresia Kracsmar * 26.6.1782 Buda Ujlak - +18.11.1782 Taban
        E4. Catharina Kracsmar *30.10.1783 Buda Taban - 23.8.1819 excepit, Taban
        E5. Mathias Kracsmar *15.2.1786 Buda Taban - +?
        E6. Anna Maria Kracsmar *20.1.1788 Buda Taban - +?
        E7. Theresia Kracsmar *10.8.1791 Buda Taban - +?
        E8. Franciscus Xaver Kracsmayr *20.4.1794 Buda Taban - +?
      D9. Johannes Franz Bartholomäus *24.8.1750 Benisch - +21.4.1810 Apatin, Lehrer
        1.oo 5.8.1782 Apatin: Klara Levatschek *1760 Wien - +12.9.1800 Apatin

E1. Barbara *1783-1787 Zombor - +?
E2. Anna Juliana *15.1.1788 Apatin - +20.2.1788 Apatin
E3. Theresia *28.9.1789 Apatin - +3.5.1790 Apatin
E4. Franz *2.7.1791 Apatin - +19.12.1870 Nagymanyok, Lehrer
1.oo 1813[7]: Anna Michenbach
    *8.2.1793 Himeshaza - +30.11.1834 Nagymanyok
    p: Johannes Michenbach (Lehrer); m: Theresia N.
F1. Franz *1.2.1824 Püspöklak - +10.1.1878[8], Lehrer in Püspökszentlaszlo
  oo 22.11.1859 Tolna: Helena Trieb *16.5.1837 Tolna - +nach 1899[9]
    p: Mihaly Trieb; m: Magdolna Rentz
G1. Joannes Julius *16.9.1860 – 29.9.1860 Püspökszentlaszlo
G2. Ferenc *2.12.1861 Püspökszentlaszlo, Müller
  oo 20.2.1884 Abaliget: Catharina Haui *1861
    p: Caspar Haui; m: Theresia Rick
H1. Joseph *24.11.1883 Rakos (nach Trauung der Eltern legalisiert)
  oo 1.6.1908 Szaszvar: Catharina Batton *5.3.1888
    p: Jozsef Batton; m: Terez Tillmann
H2. Helena *7.6.1888 Abaliget
G3. Etelka 19.11.1863 – 24.12.1866 Püspökszentlaszlo
G4. Helena 28.10.1865 Püspökszentlaszlo - +13.10.1935 Budapest II.
H1. (unehelich) Ilona *1895 Budapest I. - +4.12.1900 Budapest
  oo 25.5.1899 Budapest II.: Ede Mano Hochmann *31.8.1862 Wien
F2. Franziska *26.2.1826 Püspöklak - +8.3.1895 Nagymanyok
2.oo 11.1.1835 Magdalena Wusching
    *16.9.1813 Nagymanyok - +2.5.1883 Nagymanyok
    p: Konrad Wusching (Hutmacher); m: Katharina Denk
F3. Joseph *14.10.1835 Nagymanyok – +7.3.1929 Budapest; Schuldirektor
  oo 17.8.1872 Pest: Anna Gabriela Görög
    *21.6.1852 Pest - +27.6.1922 Pesthidegkut
    p: Stephan Görög; m: Tecla Ida Vojdicsek
G1. Joseph Ferenc Istvan *1.1.1873 Budapest - +11.1.1945 Dunaföldvár
  oo 4.11.1902 Budapest IX.: Maria Kund *30.3.1879 - +22.3.1942 Bp
    p: Andras Kund; m: Maria Löri
G2. Maria Anna Ilona *8.12.1874 Budapest - +1.9.1947 Budapest
  oo 18.1.1896: Lajos Rotter *19.7.1869 Eperjes - +20.12.1904 Bp.
    p: Lazar Joseph Rotter; m: Maria von Späth, Freiherrin
H1. Lajos Rotter *18.7.1901 Budapest VI. - +19.10.1983 Budapest
  oo 22.9.1936 Budapest: Edit Iren Hargitai
    *11.10.1917 Budapest - +nach 19.10.1983
    p: Elek Hargitai; m: Margit Zaicz
Die Ehe wurde geschieden.
H2. Margit Maria Anna Rotter *5.10.1902 Budapest VI. - 22.12.1984
  oo 13.3.1927 Budapest: Zoltan Janky *6.1.1898 – 30.6.1968
G3. Ervin *15.1.1877 Budapest - +15.2.1877 Budapest, Jozsefvaros
G4. Ida Anna Magdolna *31.5.1879 Budapest - +4.8.1963 Budapest
  oo 7.9.1907 Budapest: Jenö Benda *20.10.1874 Bp. - +6.1.1924 Bp.

---

7   Das Datum (ohne Tag, Monat und Ortsangabe!) stammt von Joannes Felsmann.
8   Das Datum (ohne Ortsangabe!) stammt von Joannes Felsmann.
9   Das Datum ist nicht sicher: Als der Sohn Ferenc 1884 heiratet, ist sie angeblich bereits
gestorben. Als aber die Tochter Helena 1899 heiratet, lebt die Mutter angeblich noch.

21

G5. Istvan Lorant *1.12.1880 Bp. - +18.11.1929 Budapest, Ingenieur
oo 18.10.1909 Klara Augusta Kauser
       *3.10.1885 Budapest - +9.2.1941 Budapest
       p: Joseph Kauser; m: Ida Gerlóczy
H1. Istvan *19.8.1910 Budapest - +8.8.1999 Los Angeles, Architekt
oo 17.8.1937 Budapest: Ediltrud Felsmann / Felszeghy
       *24.8.1914 Zagreb - +24.11.1979 Los Angeles
       p: Ferenc Felsmann / Felszeghy; m: Emmy Schauff
 I1. Maria *7.8.1938 Budapest
   oo 24.4.1971 John Boyd Feather
       *29.5.1936 Santa Monica - +11.10.2010 Newport Beach
 I2. Istvan *14.3.1940 Budapest
   oo Diana Gutierrez *29.10.1955 Los Angeles
 I3. Emma *14.12.1953 Toronto
   oo Stephen Mallon *5.2.1950 Long Beach
   J1. Elisabeth Mallon *9.11.1980 Lakewood (Kalifornien)
     oo Brian Michael
     K1. Ilona Michael *15.1.2016 Portland (Oregon)
   J2. Erin Grace Mallon *7.10.1983 Lakewood (Kalifornien)
     1.oo Alex Marquez
     K1. Bianca Marquez *5.9.2012 Long Beach (Kalifornien)
     2.oo Diego Laboy
H2. Jozsef *9.4.1912 Budapest - +27.6.1978 Budapest, Sprachlehrer
oo 5.12.1943 Budapest: Erzsebet Maria Kleiner, Sprachlehrerin
    * 9.6.1923 Budapest - +17.1.1988 Budapest
    p: Lorenz Kleiner; m: Maria Wessely
 I1. Jozsef *20.6.1945 Budapest
   1. oo Erszebet Koenig *19.8.1945 - +21.5.2017 Budapest
   J1. Kristof *28.9.1971 Budapest
     oo Virag Vas *19.9.1976 Budapest
     K1. Felix *7.9.2005 Budapest
     K2. Pal *28.4.2009
     K3. Fruzsina *24.4.2011
     K4. Julia *27.1.2020
   J2. Orsolya *29.7.1973 Budapest
     oo Hans-Peter Schmelz 23.8.1969 Heidelberg
     K1. Apor *20.1.2005 Berlin
     K2. Marlie *6.4.2018
   J3. Regina *29.3.1978 Budapest
     oo Arnold Balazs *6.10.1975
     K1. Vilmos *15.10.2007 Budapest
     K2. Lörinc *23.1.2011
   2. oo nach 21.5. 2017 Budapest: Erika Dudàs
   J4. Eric Richard *14.11.2008
 I.2. Erszebet (Alice) *9.1.1948 Budapest
   oo Hermann Baum *2.12.1943 Halle/Saale
   J1. Richard *11.1.1979 Boppard
H3. Laszlo *16.1.1916 Budapest - +17.12.1989 Budapest
   1.oo Erzsebet Szilagyi *?
   2.oo Olga Fülöpp *um 1910? - +26.5.1980 Budapest
     p: Arthur Fülöpp; m: Szidonia Zakarias

H4. Tamas *7.3.1918 Budapest - +10.10.1992 Budapest
oo Emilia Eszterle *30.12.1922 Budap. – +29.11.2012 Budapest
                  p: Jozsef Andras Eszterle; m: Emma Kren
  I1. Tamas *3.1.1956 Budapest
     oo Judith Olah *2.11.1955 Budapest
     J1. Tamas *19.4.1982 Budapest
     J2. Istvan *28.12.1984 Budapest
H5. Eleonora *4.4.1922 Budapest - +25.9.2006 Budapest
oo bis 1949 Budapest: Jozsef Vasali
           *24.5.1920 Veszpremvarsany – +10.4.1997 Bp.
  I1. Peter Vasali *27.10.1949 Budapest – +4.4.1954 Budapest
  I2. Katalin Klara Vasali *10.10.1950 Bp. - +4.4.1954 Budapest
  I3. Maria Vasali *13.8.1952 Budapest – 31.12.2019 Budapest
     oo Jenö Toth *23.1.1956
     J1. Marian Toth *31.5.1981 Budapest
     J2. Mate Toth *17.4.1985 Budapest
  I4. Peter Vasali *28.4.1955 Budapest
     oo Ilona Fabry *13.6.1952
     J1. Katalin Vasali *30.8.1986 Budapest
  I5. Laszlo Vasali *16.6.1956 Budapest
     1.oo Ildiko Blaskovics *?
     J1. Laszlo Vasali *15.12.1978 Budapest
     J2. Ildiko Vasali *9.11.1982 Budapest
     2.oo Kinga Laszlo *?
     J3. David Vasali *8.6.2001 Budapest
F4. Theresia *20.10.1836 Nagymanyok - +2.2.1899 Somogy (Varas?)
oo 22.1.1866 Nagymanyok: Andreas Lutter, Fleischer
            *1838 Izmeny - +29.3.1896 Somogy (Varas?)
  G1. Stephan Joseph Lutter *30.12.1866 Nagymanyok
  G2. Joseph Lutter *17.9.1868 Nagymanyok
  G3. Eleonora Lutter *29.12.1870 Hird
  G4. Helena Lutter *6.3.1873 Hird
  G5. Andreas Lutter *19.3.1875 Hird
  G6. Rosalia Lutter *17.4.1877 Hird
  G7. Eva Lutter *31.10.1881 Hird
F5. Johann *3.2.1839 Nagymanyok - +15.1.1891 Lugosch[10], Lehrer
oo 1868 Lugosch: Vilma Liszka
            *bis 1850 Lugosch? - +nach 1901 Lugosch
  G1. Alfred *RR 1869 Lugosch - +23.2.1930 Szeged, Lehrer
     oo 1899 (Besztercze?): Emilia Hüttner, evang.-reformiert
         *1881 Besztercze (heute: Rumänien) - +4.3.1949 Zalaegerszeg
         p: Adolf Hüttner; m : Anna Schneider
     H1. Istvan *6.9.1900 Ujarad - +2.3.1973 Budapest
       oo 30.3.1936 Veszprem: Ernestina Loth
           *23.6.1911 Györszemere - +25.3.1974 Budapest
           p: Jozsef Loth; m: Iren Füredi
       I1. Tibor *15.10.1939 Szekesfeh.- +28.9.1995 Mosonmagyaróvár

---

10 Die Kirchenbücher von Lugosch (heute Lugoj) konnten nicht eingesehen werden. Das Heirats-Datum von Johann Felsmann (1868 in Lugosch) und das Geburts-Datum von Alfred Felsmann (1869 in Lugosch) ergeben sich aus Briefen von Franz Felsmann (Nagymanyok) an seinen ältesten Sohn Joseph Felsmann (Pest). Er erwähnt beides.

oo Erzsebet Kelemen *?
H2. Emilia *4.11.1903 Ujarad - +27.3.1933 Szeged, Musiklehrerin
oo 23.8.1932 Szeged: Ferenc Gal *22.7.1901 Szeged
H3. Janos *12.6.1920 Szeged - +12.10.1923 Szeged
F6. Magdalena *Dez. 1840 Nagymanyok - +Dez. 1840 Nagymanyok
F7. Josepha *26.3.1842 Nagymanyok – +nach 1875 in Apatin?
  G1. Joannes *9.9.1863 Apatin (unehelich)
    oo 21.2.1887 Apatin: Catharina Reitmann *5.2.1864 Apatin
    H1. Elisabeth *18.11.1887 Apatin
    H2. Laurentious *6.7.1891 Apatin
  G2. Anna *23.11.1867 Apatin (unehelich)
  G3. Michael * 9.1.1875 Apatin (unehelich) - +21.10.1875 Apatin
F8. Magdalena („Lencsi") *5.8.1845 Nagymanyok - +9.2.1904
  oo 2.7.1871 Nagymanyok: Peter Wager *5.3.1846 Apar, ludi magister
  G1. Maria Wager *10.4.1872 Nagymanyok
    oo Lajos Klein *?
  G2. Joannes Petrus Wager *26.11.1873 Nagymanyok
    oo 23.4.1900 Kaposvar: Maria Lang *29.5.1877 Kaposvar
      p: Lörincz Lang; m: Anna Slothauer
  G3. Anna Wager *19.9.1875 Nagymanyok
  G4. Franciscus Joseph Wager *12.3.1877 Nagymanyok
    oo 5.11.1903 Pecsbanyatelep: Gabriella Herrfurth * 28.5.1881 Pecs
      p: Antonius Herrfurth; m: Maria Rumann
  G5. Aloysius Wager *1.1.1879 Nagymanyok
    oo 23.11.1905 Pecs: Paula Orf *22.11.1877 Pecs
      p: Gaspar Orf; m: Magdolna Szöke
  G6. Vilhelmina Wager *24.10.1880 Nagymanyok
F9. Vince *5.8.1845 Nagymanyok - +9.1.1894 Lugos (Karansebes?), Lehrer
  oo 7.8.1875 Berta Scherff
    *9.4.1851 Omor (Rovinita Mare) - +16.3.1915 Lugosch (Karansebes?)
    p: Ferenc Scherff; m: Emma Mayer *1821 - +22.3.1899 Lugosch
  G1. Anna *1876-1877 Karansebes? - +nach 1813[11]
  G2. Ferenc (ab 1923 nannte er sich Felszeghy)
    *23.11.1878 Karánsebes - +12.9.1966 Los Angeles, General
    oo 20.10.1913 Zagreb (Militär!): Emma Friederika Margar. Shauff
    *12.4.1889 Zagreb (St. Markus) - +26.8.1952 Szolnok
    p: Alexander Shauff (*1848); m: Franciska Schneider (*1856)
    H1. Ediltrud *24.8.1914 Zagreb - +24.11.1979 Los Angeles
    oo 1937 Bp.: Istvan Felsmann *1910 Bp. - +1999 L.A. (s.o.)
E5. Michael *6.8.1794 Apatin - +Mai 1828 Zagreb
E6. Anna *7.4.1797 Apatin - +1839 Glina?[12]
  oo 1815-1825 Apatin: Johann Bengl *19.10.1794 Uj-Arad - +?[13]

---

11 Sie blieb vermutlich unverheiratet; sie lebte noch, als Janos Scherff laut Totenzettel im Mai 1913 starb.
12 Nach Johann Felsmanns Stammbaum ist Anna Felsmann mit ihrem Ehemann nach Glina gezogen.
13 Der Familienname Bengl steht im Stammbaum von Johann Felsmann. Felszeghy machte daraus Denglbach, was aber eher unwahrscheinlich ist, da dieser Name nur durch eine Adelsfamilie bekannt ist.
Am 19.10.1794 wurde in Uj-Arad (Temes) ein Joannes Bengl geboren. Seine Eltern sind

E7. Joseph *29.3.1800 Apatin - +2.8.1801 Apatin
2.oo 4.11.1800 Apatin: Anna Walter *7.8.1777 Apatin - +26.4.1845 Apatin
          p: Georg Philipp Walter; m: Katharina Groh
2.oo: 24.11.1811 Apatin: Kaspar Szantits
E8. Peter *15.7.1801 Apatin - +6.8.1801 Apatin
E9. Theresia *7.8.1802 Apatin - +8.11.1802 Apatin
E10. Joszef *30.12.1804 Apatin - + 7.4.1805 Apatin
E11. Johannes *19.5.1806 Apatin - +25.3.1825 Apatin
E12. Dominikus *19.8.1808 Apatin - +23.4.1851 Apatin (als Antonius Felsmann!)
    oo 2.2.1830 Apatin: Elisabeth Schäfer *1811 - +nach 23.4.1851 Apatin
          p: Jacob Schäfer; m: Catharina
  F1. Anna *13.6.1832 Apatin - +22.6.1834 Apatin
  F2. Franciscus *26.5.1834 Apatin - +3.8.1834 Apatin
  F3. Theresia *5.8.1835 Apatin
    oo 22.11.1853 Apatin: Joannes Ehmann *7.2.1834 Apatin
    G1. Eva Ehmann *21.11.1854 Apatin
    G2. Joannes Ehmann *26.10.1856 Apatin
    G3. Joseph Ehmann *19.1.1859 Apatin
    G4. Theresia Ehmann *5.3.1861 Apatin
    G5. Josepha Ehmann *30.9.1862 Apatin
    G6. Franciscus Ehmann *14.4.1864 Apatin
    G7. Catharina Ehmann *26.5.1866 Apatin – +23.4.1880 Apatin
    G8. Elisabetha Ehmann *13.8.1868 Apatin
    G9. Maria Ehmann *1874 - +12.11.1877 Apatin
  F4. Michael *3.3.1837 Apatin, Tischler - +7.11.1886 Apatin
    1. oo 24.11.1861 Apatin: Elisabetha Merschilz *1832 - +18.11.1868 Apat.
          p: Franciscus Merschilz; m: Magdalena Weiß
    2. oo 1.2.1869 Apatin: Rosina Loidl *1845 - +19.5.1875 Apatin
          Joannes Loidl; m: Anna Czindl
    3. oo 5.7.1875 Apatin: Anna Brand *10.7.1853 Bacs-Szentivan
          p: Joannes Brand; m: Elisabeth Schultz
    G1. Petrus *23.3.1876 Apatin
    G2. Michael *28.9.1877 Apatin - +25.8.1878 Apatin
  F5. Elisabeth *14.5.1840 Apatin
  F6. Josepha *5.3.1842 Apatin[14] - +nach 1890
    oo bis 1871 Franciscus Dudovics *? - +nach 1890
    G1. Josepha Dudovics *31.7.1872
    G2. Franciscus Dudovics *23.10.1876 - +29.8.1877
    G3. Rosina Dudovics *30.12.1878
    G4. Franciscus Dudovics *15.2.1882
    G5. Maria Dudovics *5.7.1885
  F7. Dominikus *31.7.1847 Apatin
    oo 17.2.1873 Apatin: Theresia Piri *5.5.1848 Apatin - +17.7.1879 Apatin

Joannes Bengl und Barbara N. Das könnte der Ehemann von Anna Felsmann sein.
14 Am 5.3.1842 wurde in Apatin eine Tochter von Dominikus Felsmann geboren: Josepha. Nach Ferenc Felszeghy (belegt ist es nicht!) war sie es, die Franciscus Dudovics heiratete; Ort und Datum der Trauung sind unbekannt. Das Paar hatte fünf Kinder, die in Apatin geboren wurden.
Am 26.3.1842 wurde in Nagymanyok eine Tochter von Franz Felsmann geboren: Josepha. Sie blieb unverheiratet, hatte aber mindestens drei Kinder, die in Apatin geboren wurden (s.o.)

                p: Andreas Piri; m: Anna Bernert
      oo 27.1.1880 Apatin: Anna Basler *14.4.1860 Apatin
                p: Peter Basler; m: Anna Kiefer
      G1. Anna *24.6.1895 Apatin
    F8. Borbala *30.9.1849 Apatin - +10.10.1852 Apatin
  D10. Johann Joseph Hyeronimus Michael *29.9.1752 Benisch - +2.6.1806 Buda Taban
    oo 13.9.1779 Anna Lochner (verw. Simmert)
          *19.3.1745 Buda Taban - +22.10.1813 Buda Taban
          p: Mathias Lochner; m: Elisabetha
    E1. Johannes Baptist *25.6.1780 Buda Taban - +4.8.1780 Buda Taban
  D11. Anna Johanna Tecla *24.10.1754 Benisch -?
  D12. Maria Elisabeth Caroline *5.11.1756 Benisch - +18.1.1759 Benisch
  D13. Johannes Georg Matheus *21.9.1759 Benisch - +9.6.1816 Aicha vorm Wald
    oo Franziska N. *RR 1749 - +10.8.1827 Aicha vorm Wald
  C2. Maria *RR 1699 - +3.7.1720 Benisch
    oo 1.4.1717 Benisch: Joannes Wagner *23.7.1692 Benisch
            Trauzeuge Georgius Feltzmann (!)
    D1. Anna Maria Wagner *3.3.1719 Benisch
    D2. Anna Barbara Wagner *20.6.1720 Benisch
  C3. Friedrich *RR 1703 - +18.8.1742 Benisch
    oo 11.10.1728 Benisch: Eva Beyerin *RR 1703 - +29.3.1769 Benisch
            2.oo 7.5.1743 Benisch: Friedrich Beitel
    D1. Maria Barbara *9.10.1732 - +17.12.1732 Benisch
    D2. Johann Friedrich *4.4.1735 Benisch
    D3. 5.10.1740 notgetauft namenslos - +5.10.1740 Benisch
B4. Andreas *11.9.1669 Benisch - +3.12.1703 Raase
  oo 5.5.1698 Benisch: Anna Vogel *9.5.1667 - +30.1.1706 Benisch
  C1. Susanna *2.1.1702 Raase
B5. Anna *16.6.1672 Benisch - +15.8.1737 Benisch
B6. Rosina *7.7.1675 - +8.4.1719 (44 Jahre) oder +21.4.1731 (55 Jahre) Benisch;
        es gibt zwei gleichnamige Personen!
  oo 5.5.1700 Georg Brückner *RR1643 - +28.1.1716 Benisch
  C1. Antonius Brückner *8.1.1702
  C2. Frantz Saumbel (=Samuel?) Brückner *14.5.1704
  C3. Anna Rosina Brückner *13.3.1709
A2. Maria *bis 1646 Benisch (sie heiratete 1664 und war da wohl ca. 18 Jahre alt)
  oo 10.2.1664 Benisch: Heinrich Meyer aus Lichten (heute Lichnov)
  B1. Andreas Meyer *23.11.1664 Lichten
  B2. Marina Meyer *14.4.1666 Lichten
  B3. Heinrich Meyer *6.10.1667 Lichten

4. Dokumente zur Familie Felsmann

Überblick über die kopierten Dokumente:
1.Generation:
Georg Feltzmann   oo -----------   Christina N.
* -----------   * -------------
+ 14.5.1678   + 21.5.1704

2. Generation:
Georg Feltzmann   oo -----------   Maria Anna N.
* 22.3.1667   * -------------
+ 21.4.1719   + 19.12.1736

3. Generation:
Johann Georg Feltzmann   1. oo ------------   Anna Joanna N.
* ------------   * ----------------
+ 17.9.1763   + 31.5.1743
                 2. oo 1.11.1745   Dorothea Barbara Seltzer
                                             * 21.12.1718
                                             + ---------------

4. Generation:
Johannes Franz Feltzmann   1. oo ------------   Klara Levatschek
* 24.8.1750   * -------------
* -----------   + -------------
                       2. oo ------------   Anna Walter (Valter)
                                             * -----------
                                             + 26.4.1845

5. Generation:
Franz Felsmann   1. oo ----------   Anna Michenbach
* ------------   * 8.2.1793
+ 19.12.1870   + 29.11.1834
                       2.oo 11.1.1835   Magdalena Wusching
                                               * 16.9.1813
                                               + 2.5.1883

6. Generation:

Joseph Felsmann	oo 17.8.1872	Anna Görög
* 14.10.1835		* 21.6.1852
+ 7.3.1929		+ 27.6.1922

7. Generation:

Istvan Lorant Felsmann	oo 18.10.1909	Klara Augusta Kauser
* 1.12.1880		* 3.10.1885
+ 18.11.1929		+ 9.2.1941

8. Generation

8.1.

Istvan Felsmann / Felszeghy	oo 17.8.1937	Ediltrud Felsmann/Felszeghy
*19.8.1910		* -------------------
+-----------		+ -------------------

8.2.

Jozsef Felsmann	oo 5.12.1943	Erzsebet Kleiner
*9.4.1912		*9.6.1923

8.3.

Laszlo Felsmann	1. oo ---------	Erzsebet Szilagyi
*16.1.1916		* ------------
+ -----------		+ ------------
	2. oo ---------	Olga Fülöpp
		* ------------
		+ 26.5.1980 (Totenzettel)

8.4.

Tamas Felsmann	oo ---------	Emilia Eszterle
*7.3.1918		* ----------------
+ ----------		+ ----------------

8.5.

Eleonora Felsmann	oo ---------	Jozsef Vasali
* ---------		* -------------
+ ---------		+ -------------

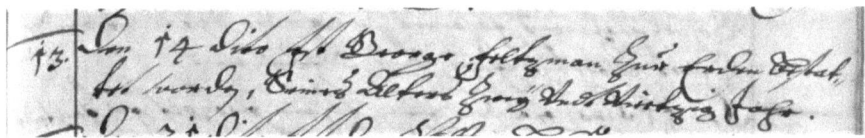

Bestattung Georg Feltzman 14.5.1678 Benisch, 42 Jahre alt [*1636]
https://www.familysearch.org/ark:/61903/3:1:3QSQ-G9MH-YBH8?i=24&cc=1804263&cat
=2171615

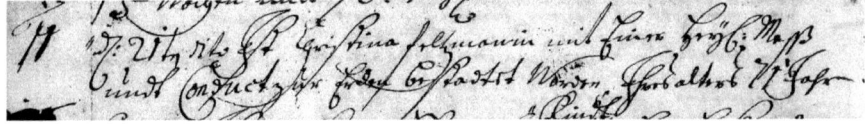

Bestattung Christina Feltzman am 21.5.1704 Benisch, 71 Jahre alt [*1633]
https://www.familysearch.org/ark:/61903/3:1:3QSQ-G9MH-YBHC?i=62&cc=1804263&cat
=2171615

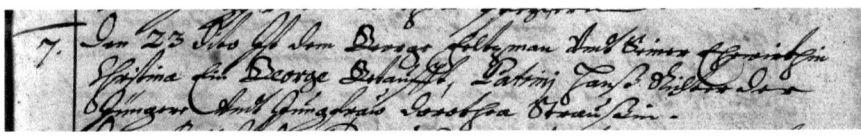

Taufe Georg Feltzman 23.3.1667 Benisch
https://www.familysearch.org/ark:/61903/3:1:3QS7-89MH-Y5B7?i=1&cc=1804263&cat=2171615

| 71 | Benisch | Georgiʃ Feltzman Civis | 52 | 6 | = |

Bestattung Georgius Feltzman am 21.4.1719 Benisch, 52 Jahre und 6 Wochen alt
https://www.familysearch.org/ark:/61903/3:1:3QS7-L9MH-YYGR?i=110&cc=1804263&cat
=2171615

| 19 | Benisch: | Maria Anna Feltzmanin Civis | 69 | = | — |

Bestattung Maria Anna Feltzman am 19.12.1736 in Benisch, 69 Jahre alt [*1667]
https://www.familysearch.org/ark:/61903/3:1:3QS7-L9MH-YYNW?i=157&cc=1804263&cat
=2171615

29

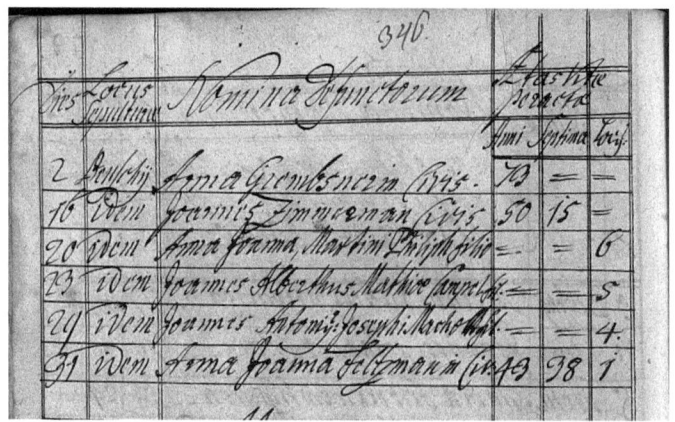

Bestattung von Anna Joanna Feltzmanin am 31.5.1743 in Benisch
https://www.familysearch.org/ark:/61903/3:1:3QSQ-G9MH-YB88?i=178&cc=1804263&cat
=2171615

Taufe von Dorothea Barbara Seltzer am 21.12.1718 in Benisch
https://www.familysearch.org/ark:/61903/3:1:3QS7-L9MH-YRQ7?i=191&cc=1804263&cat
=2171615

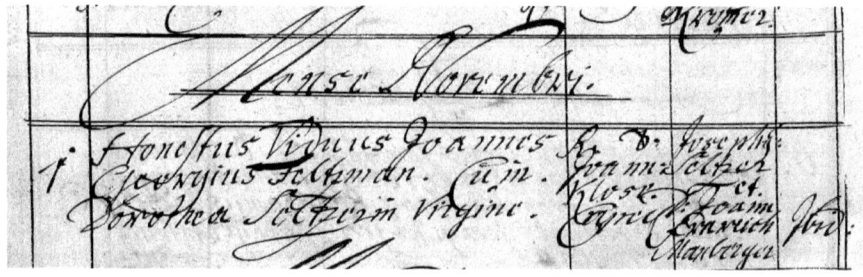

Trauung Joannes Georgius Feltzman und Dorothea Seltzerin am 1.11.1745 in Benisch
https://www.familysearch.org/ark:/61903/3:1:3QS7-L9MH-YYC9?i=152&cc=1804263&cat
=2171615

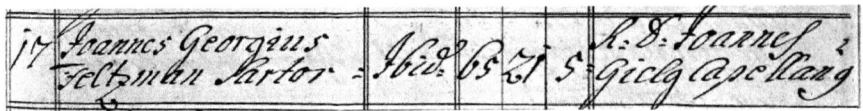

Bestattung Joannes Georgius Feltzman, sartor [Schneider] am 17.9.1763 in Benisch,
65 (Jahre), 21 (Wochen), 5 (Tage); [= *18.4.1698]
https://www.familysearch.org/ark:/61903/3:1:3QS7-89MH-YYFT?i=237&cc=1804263&cat
=2171615

Taufe Joannes Franciscus Bartholomeus Feltzmann am 24..8.1750 in Benisch
https://www.familysearch.org/ark:/61903/3:1:3QS7-L9MH-YRJS?i=66&cc=1804263&cat=2171615

Bestattung von Anna Valter (2. Ehefrau von oan. Franc. Felsm.) am 26.4.1845 in Apatin
https://www.familysearch.org/ark:/61903/3:1:3Q9M-C33C-98VK-L?i=219&cat=444749

Bestattung von Franciscus Felszman am 19.12.1870 in Nagymanyok, 79 Jahre alt [*1791]
https://www.familysearch.org/ark:/61903/3:1:3Q9M-CS54-H8KG?i=465&cat=438220

31

Taufe von Anna Maria Michenbach am 8.2.1793 in Himeshaza
https://www.familysearch.org/ark:/61903/3:1:939J-6B9S-MM?cc=1743180

Bestattung von Anna Feltzman (geb. Michenbach) am 29.11.1834
https://www.familysearch.org/ark:/61903/3:1:939K-2P34-4W?cc=1743180&cat=438220

Taufe von Magdolna Vutsing [Wusching] am 17.9.1813 in Nagymanyok
https://www.familysearch.org/ark:/61903/3:1:939V-MCLL-M?cc=1743180

Trauung Franz Feltzman und Magdolna Vutsing am 11.1.1835 Nagymanyok
https://www.familysearch.org/ark:/61903/3:1:3Q9M-CS54-H6JL?i=104&cat=438220

Bestattung von Magdolna Wusching am 2.5.1883 in Nagymanyok
https://www.familysearch.org/ark:/61903/3:1:3Q9M-CS54-H8FY?i=536&cat=438220

Taufe von Jósef Vincze Feltzman am 15.10.1835 in Nagymanyok
https://www.familysearch.org/ark:/61903/3:1:939K-2P3W-12?cc=1743180

Sterbeeintrag (Bestätigung) für József Felsmann 7.3.1929 in Pest

Sterbeeintrag für Jozsef Felsmann 7.3.1929 in Pest
https://www.familysearch.org/ark:/61903/3:1:S3HY-6X1W-XBT?i=405&cc=1452460&cat=1007774

Taufe von Anna Gabriella Görög am 22.6.1852 in Pest
https://www.familysearch.org/ark:/61903/3:1:939X-3MN7-2?cc=1743180

Sterbeeintrag für Anna Görög: 27.6.1922 Pesthidegkut
https://www.familysearch.org/ark:/61903/3:1:S3HT-DTSQ-NKJ?i=267&cc=1452460

Trauung von Jósef Vincze Felsmann und Anna Gabriela Görög am 17.8.1872
https://www.familysearch.org/ark:/61903/3:1:3Q9M-C333-CSBN-D?i=369&cat=228841

Geburt / Taufe von Istvan Lorant Felsmann am 1. 12.1880 in Budapest
https://www.familysearch.org/ark:/61903/3:1:9398-N4WS-3?cc=1743180

Sterbeeintrag für Istvan Felsmann am 18.11.1929 in Budapest
https://www.familysearch.org/ark:/61903/3:1:S3HT-X919-8RB?cc=1452460

Geburt / Taufe von Klara Augusta Teresia Kauser am 3.10. / 15.10.1885 in Budapest
https://www.familysearch.org/ark:/61903/3:1:9Q97-Y33W-HDB?cc=1743180

Bestattung von Klara Felsmann (geb. Kauser) 9.2.1941
https://www.familysearch.org/ark:/61903/3:1:S3HY-DBRQ-MC8?i=51&cc=1452460

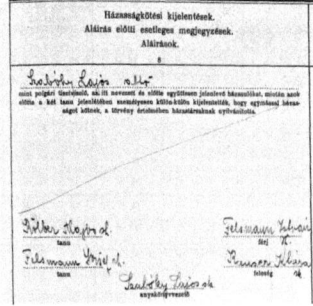

Trauung Istvan Lorant Felsmann und Klara Augusta Terezia Kauser 18.10.1909 Budapest
https://www.familysearch.org/ark:/61903/3:1:S3HT-DTWH-8W?i=622&cc=1452460&cat=826282

Geburtseintrag für Istvan Felsmann: 19.8.1910 Budapest II.
https://www.familysearch.org/ark:/61903/3:1:3QSQ-G94V-SXS7?from=lynx1UIV8&treeref=GHKT-4RZ&i=78

Trauung von Istvan Felsmann und Ediltrud Felszeghy am 26.7.1837 in Budaest
https://www.familysearch.org/ark:/61903/3:1:S3HT-DTSQ-2KX?cc=1452460

Geburtseintrag für Jozsef Laszlo Felsmann: 9.4.1912 Budapest II.
https://www.familysearch.org/ark:/61903/3:1:3QS7-994J-TWRY?i=262&wc=92Q8-923%3A40678301%2C43353801%2C43128601&cc=1452460

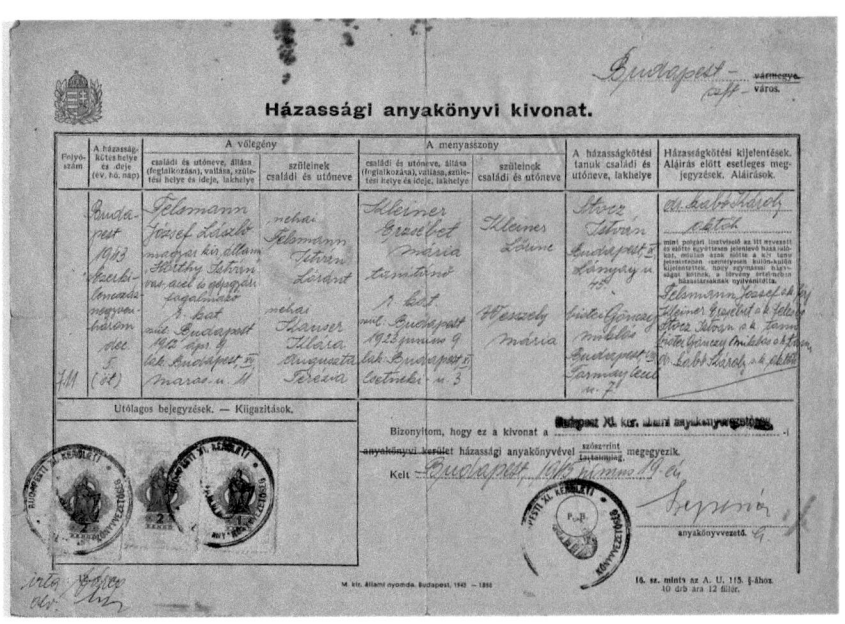

Geburtschein von Erzsebet Maria Kleiner: 9.6.1923 Budapest

Trauung von Jozsef Laszlo Felsmann und Erzsebet Kleiner am 5.12.1943 in Budapest

37

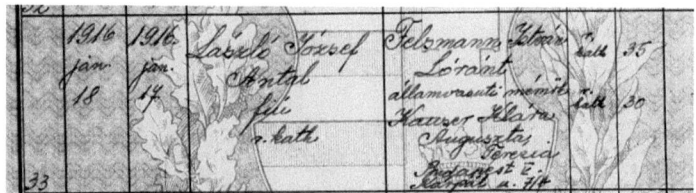

Geburtseintrag für Laszlo Jozsef Antal Felsmann: 17.1.1916 Budapest V.
https://www.familysearch.org/ark:/61903/3:1:33S7-9PBF-9KWZ?i=7&wc=92SB-
3T1%3A40678301%2C51334101%2C41724201&cc=1452460

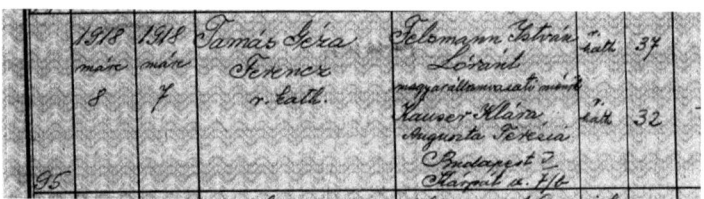

Geburtseintrag für Tamas Geza Ferencz Felsmann: 7.3.1918 Budapest V.
https://www.familysearch.org/ark:/61903/3:1:33SQ-GPBF-9JYV?i=17&wc=92SB-3TY
%3A40678301%2C51334101%2C43394201&cc=1452460

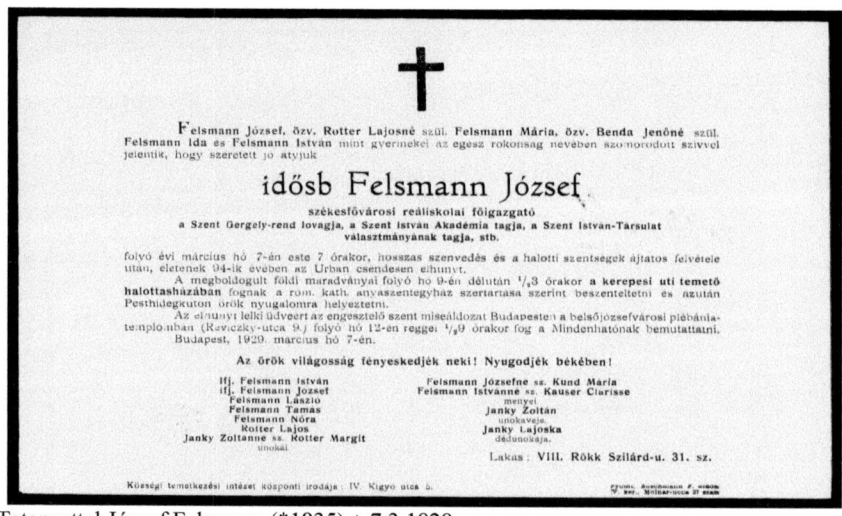

Totenzettel József Felsmann (*1835) + 7.3.1929

38

Idősb Felsmann József a maga, családja és rokonai nevében, mély fájdalommal jelenti, hogy szeretett és felejthetetlen hitvese, a legjobb anya és nagyanya

idősb FELSMANN JÓZSEFNÉ
szül. GÖRÖG ANNA

folyó hó 27-én este 7 órakor hosszas szenvedés és a halotti szentségek ájtatos felvétele után életének 71-ik, boldog házasságának 50-ik évében Pesthidegkuton az Urban csendesen elhunyt.

A megboldogult földi maradványai folyó hó 29-én d. u. 5 órakor Pesthidegkuton fognak a róm. kath. anyaszentegyház szertartása szerint beszenteltetni és örök nyugalomra helyeztetni.

Az elhunyt lelkiüdvéért az engesztelő szentmise-áldozat Máriaremetén f. hó 30-án d. e. 10 órakor lesz.

Pesthidegkút, 1922. junius hó 27-én.

Az örök világosság fényeskedjék neki!

Felsmann József
özv. Rotter Lajosné
szül. Felsmann Mária
Benda Jenőné
szül. Felsmann Ida
Felsmann István
gyermekei.

Benda Jenő
veje.

Rotter Lajos
Rotter Margit
Felsmann István
Felsmann József
Felsmann László
Felsmann Tamás
Felsmann Nóra
unokái.

Nyugodjék békében!

özv. Dr. Staub Móricné
szül. Görög Ilka
testvére.
özv. Görög Istvánné
szül. Szvoboda Róza
sógornője.
Felsmann Józsefné
szül. Kund Mariska
Felsmann Istvánné
szül. Kauser Clarisse
menyei.

Totenzettel für Anna Felsmann (geb. Görög) +27.6.1922 Pesthidegkut

Özv. Felsmann Istvánné szül. Kauser Clarisse ugy a maga, mint István, József, László, Tamás, Nóra gyermekei és az egész rokonság nevében megtört szivvel jelenti, hogy imádott férje, illetve szerető jóságos atyjuk

FELSMANN ISTVÁN

okl. mérnök, m. kir. államvasuti felügyelő, a hadiékitményes arany érdemkereszt tulajdonosa

folyó évi november hó 18-án délután 4 órakor, hivatása közben szerzett betegség következtében, hosszas szenvedés és a halotti szentségek ájtatos felvétele után, életének 49-ik évében, az Urban csendesen elhunyt.

A megboldogult földi maradványai folyó hó 20-án délután ¹/₃ órakor a kerepesi uti temető halottasházában fognak a róm. kath. anyaszentegyház szertartása szerint beszenteltetni és azután Pesthidegkuton örök nyugalomra helyeztetni.

Az engesztelő szent miseáldozat az elhunyt lelki üdvéert az I. kerületi városmajori plébániatemplomban folyó hó 22-én délelőtt ¹/₄10 órakor fog a Mindenhatónak bemutattatni.

Budapest, 1929. november hó 18-án.

Az örök világosság fényeskedjék neki! Nyugodjék békében!

Felsmann József
özv. Rotter Lajosné
szül. Felsmann Mária
özv. Benda Jenőné
szül. Felsmann Ida
testvérei.

Lakás: I. Maros-u. 11.

özv. alsóviszokai Geröczy Károlyné
szül. munkácsi Barkassy Amália
anyósának édesanyja.

Kauser József
Kauser Albert
Kiss Géza
sógorai.
Kiss Gézáné szül. Kauser Ida
Kauser Vilma
Felsmann Józsefné szül. Kund Mária
sógornői.

Községi temetkezési intézet központi irodája: IV. Kigyó-utca 5.

Nyom. Buschmann F. utóda
IV. kér. Molnár-utca 27 szám.

Totenzettel für Istvan Felsmann +18.11.1929

39

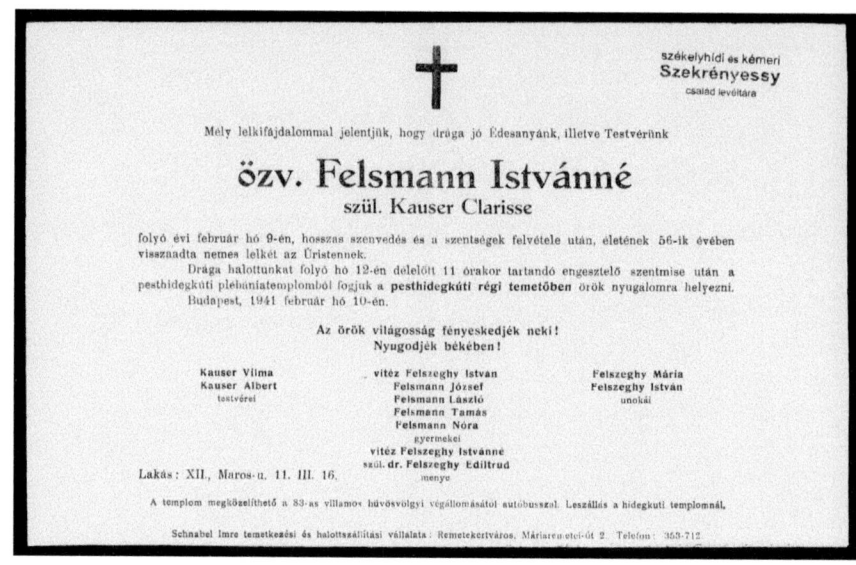

Totenzettel für Clarisse [=Klara] Felsmann (geb. Kauser) +9.2.1941

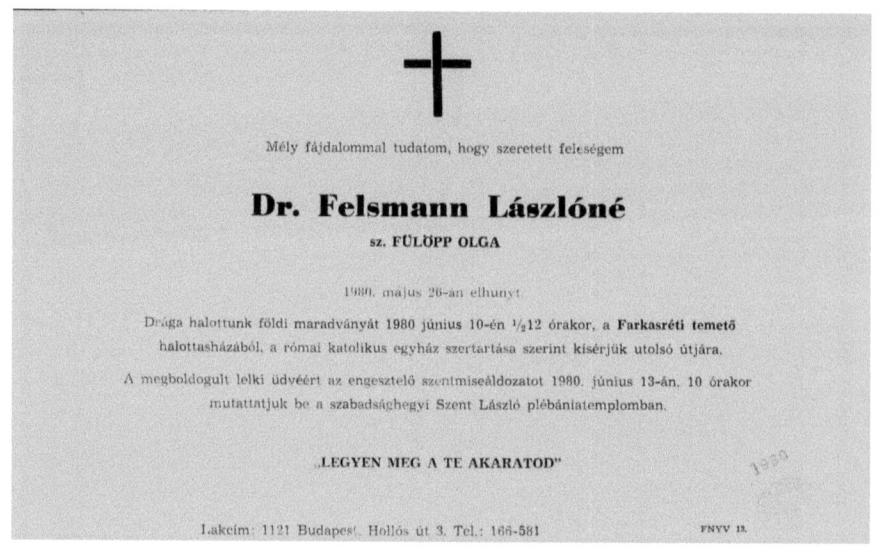

Totenzettel für Olga Felsmann (geb. Fülöpp): 26.5.1980 Budapest

Anhang

Der mit dieser Arbeit vorgelegte Stammbaum der Familie Felsmann konnte von zwei früheren Arbeiten anderer profitieren, denen der Autor sich zu Dank verpflichtet weiß. Sie seien hier angegeben:

Der Stammbaum der Familie Felsmann
nach Johann Felsmann (*3.2.1839 Nagymanyok - +15.1.1891 Lugosch)

D1. Johannes Franz *24.8.1750 Benisch - +Ostersonntag 1809 [f] Apatin, Lehrer
    1.oo 5.8.1782 Apatin: Klara Levatschek *1760 Wien - +12.9.1800 Apatin
    E1. Juliane *1788 - +1790 [f]
    E2. Therese *1788 [f] - +1790
    E3. Franz *2.7.1791 - +19.12.1870, Lehrer
        1.oo 1813: Anna Michenbach
            *8.2.1793 Himeshaza - +30.11.1834 Nagymanyok
      F1. Franz *1.2.1824 - +10.1.1878
      F2. Franziska *26.2.1826 - +8.3.1895
      2.oo 11.1.1835 Magdalena Wusching
            *16.9.1813 - +2.5.1883
      F3. Jozsef *14.10.1835
      F4. Theresia *20.10.1836 - +2.2.1899
      F5. Johann *3.2.1839 - +Januar 1891
      F6. Magdalena *1840 - +nach 6 Tagen
      F7. Josepha *6.3.1842
      F8. Magdalena *5.4.1845 - +9.2.1904
      F9. Vince *5.4.1845 - +9.1.1894
    E4. Michael *6.8.1794 - +Mai 1828 Agram
    E5. Anna *7.4.1797 Apatin (lebt in Glina)
      oo Johann Bengl
    E6. Joseph *29.3.1800 - +2.8.1801
    2.oo 4.11.1800 Apatin: Anna Walter +1852 [f]
    E7. Peter *15.7.1801 - +6.8.1801
    E8. Theresia *7.8.1802 - +nach 14 Wochen
    E9. Joszef *30.12.1803 - +27.3.1804
    E10. Johannes *19.5.1806 - +1829
    E11. Dominikus *19.8.1808 - +1850 [f]
      F1. Michael (Schlosser)
      F2. Elisabeth
        oo Schreiber
      F3. Josepha
        oo Dudomits
      F4. Dominikus
D2. Joseph
D3. Johann

Der Stammbaum der Familie Felsmann
nach Ferenc Felszeghy (*23.11.1878 - +12.9.1966)

C1. Janos György
  oo Dorottya
  D1. Janos Ferenc *24.8.1751 - +Ostersonntag 1809 [f]
    1.oo Klara Levazek *1760 - +9.1800
    E1. Julianna *1788 - +1790 [f]
    E2. Tereszia *1788 [f] - +1790
    E3. Ferenc *2.7.1791 Apatin - +19.12.1870 Nagymanyok,
      1.oo 1813: Anna Michenbach
        *8.2.1793 Himeshaza - +Nagymanyok
      F1. Ferenc *1824 - +1878
        G1. Ferenc
        G2. Ilka
      F2. Franciska *1826 - +1895
      2.oo 11.1.1835 Magdolna Wusching
          *16.9.1814 Nagymanyok - +2.5.1883 Nagymanyok
      F3. Jozsef
        oo Anna Görög
        G1. Jozsef
          oo Mariska Kund
        G2. Mimi
          oo Lajos Rotter
          H1. Lajos Rotter
            oo Edit Hargitai
            I1. Lajos Rotter
              oo Anne Williams
              J1. Claire-Louise Rotter
              J2. Annabel-Jane Rotter
            I2. Zoltan Rotter
              oo Ildyko Bencze
            I3. Ervin Rotter
              oo Emese Szabó
              J1. Zsofia Rotter
              J2. Norbert Rotter
            I4. Laszlo Rotter
          H2. Margit Rotter
            oo Zoltan Janky
            I1. Lajos Janky
            I2. Margit Janky
         G3. Ervin
        G4. Ida
          oo Jenö Benda
        G5. Istvan
          oo Clarisse Kauser
          H1. Istvan
            oo Ediltrud Felsmann / Felszeghy
            I1. Maria
              oo John Boyd Feather
            I2. Istvan
            I3. Emma
              oo Stephen Mallon

H2. Jozsef
   oo Erzsebet Maria Kleiner
   I1. Jozsef
     oo Erszebet König
   I.2. Erszebet
     Hermann Baum
H3. Laszlo
   1. oo Erzsebet Szilagyi
   2. oo Olga Fülöpp
H4. Tamas
   oo Emmy Eszterle
   I1. Tamas
H5. Nora
   oo Jozsef Vasali
   I1. Peter Vasali
   I2. Katinka Vasali
   I3. Maria Vasali
     oo Jenö Toth
   I4. Peter Vasali
   I5. Laszlo Vasali
F4. Terez
  oo Andras Lutter
  G1. Istvan Lutter
  G2. Jozsef Lutter
  G3. Laura Lutter
  G4. Helen Lutter
  G5. Andras Lutter
  G6. Rozsi Lutter
  G7. Terez Lutter
F5. Janos *3.2.1839 Nagymanyok - +15.1.1891 Lugosch
  oo Vilma Liszka
  G1. Alfred
    oo Mizzi Hüttner
    H1. Istvan
      oo Erna Loth
      I. Tibor
        oo Erzsebet Kelemen
    H2. Emilke
      oo Ferenc Gaal
F6. Magdolna
F7. Josepha
F8. Magdolna
  oo Peter Wager
  G1. Maria Wager
    oo Lajos Klein
  G2. Janos Wager
    oo Mariska Lang
  G3. Anna Wager
  G4. Ferenc Wager
    oo Ella Herfurt
    H1 Stefi Wager
    H2 Feri Wager

H3 Janos Wager
G5. Alajos Wager
  oo Paula Orf
  H1 Vajk Alajos
  H2 Magda Wager
    oo Karoly Gyula Mezaros
  H3 Paula Wager
G6. Minna Wager
F9. Vince
  oo Berta Scherff
  G1. Anna
  G2. Ferenc Felszeghy
    oo Emmy Schauff
    H1. Ediltrud
E5. Mihaly *16.9.1794 Apatin - +Mai 1828 Zagreb
E6. Anna *7.4.1797 Apatin - +?
  oo Janos Denglbach
E7. Jozsef *29.3.1800 Apatin - +2.8.1801 Apatin
2.oo Anna Walter +1852 [f]
E8. Peter *15.7.1801 Apatin - +6.8.1801 Apatin
E9. Terez *7.8.1802 Apatin - +11.1802 Apatin
E10. Jozsef *30.12.1803 Apatin - +27.3.1804 Apatin
E11. Janos *19.5.1806 Apatin - +1829 Apatin
E12. Dominik *19.8.1808 Apatin - +1850 [f]
  F1. Mihaly
  F2. Erzsebet
    oo Schreiber
  F3. Jozefa
    oo Dudomisch
  F4. Domonkos
D2. Jozsef *29.9.1752 Benisch
  oo Lechner ?
D3. Janos